Zinseszins,
Law of requisite variety,
Wirtschaftswachstum –
ein Zusammenhang

Torsten Ewert

Copyright © 2014 Torsten Ewert
All rights reserved.
ISBN-13: 978-1500912291
ISBN-10: 1500912298

Inhalt

1 Einführung	1
2 Begriffe	2
2.1 Zinseszins	2
2.2 Law of requisite variety	4
3 Fusion	8
3.1 Übergangswahrscheinlichkeiten	11
3.2 Kontrolle	21
3.3 Kapital und Wirtschaftswachstum	26
3.4 Arbeit	33
Anhang	38

1 Einführung

Die Wachstumstheorie in Verbindung mit anderen Theorien der Wirtschaftswissenschaften bietet aus Sicht des Autors eine unbefriedigende Analyse der Ursachen für Wirtschaftswachstum und wohin Wirtschaftswachstum führt. Der Autor versucht eine Schwachstelle zu beheben.

Eine Schwachstelle ist nach Auffassung des Autors die Wirkung des Zinseszinses. Diese Arbeit untersucht den Zinseszins auf seine wachstumstreibende Wirkung. Dies wird mit Hilfe des „law of requisite variety" getan. Beides wird zu Beginn der Arbeit eingeführt. Es wird zuerst gezeigt, wie der Zinseszins Handlungsalternativen einschränkt und daran anschließend wird argumentiert, dass eine singuläre Lösung Wirtschaftswachstum auf die Wirkung des Zinseszinses das System des Wirtschaftens immer mehr gefährdet und damit letztlich das System der Gesellschaft zerstört. Es wird angedeutet, dass nur eine Vielfalt von (wirtschaftlichen) Lösungen einer Vielfalt von (wirtschaftlichen) Problemen begegnen kann. In den letzten beiden Punkten werden mögliche Interpretationen der vorher gemachten Aussagen diskutiert.

2 Begriffe

2.1 Zinseszins

Zinseszins ist nicht der Preis des Kapitals. Zinseszins ist ein sprachliches Phänomen, das eine mathematische Idee ausdrückt. Diese Idee ist wie alle Ideen imaginär, dass bedeutet, sie funktioniert im Kopf, als eine vorgestellte Berechnungsmethode von etwas. Die mathematische Idee ist, in bestimmten Zeitintervallen einen prozentualen Wert von Etwas zu berechnen und diesen prozentualen Wert diesem Etwas entweder hinzuzufügen oder abzuziehen und zwar in der Form, dass sich die Berechnung im nächsten Intervallzeitpunkt auf das Ergebnis der Berechnung im Vorintervall bezieht.
Der Zinseszins wird also als eine Möglichkeit (unter Vielen), zur Berechnung eines Gewinns oder eines Preises aus Kapital benutzt. Und dieser Gewinn oder Preis wird als Zins bezeichnet. Das bedeutet konkret, eine Idee Zinseszinsberechnung bezieht sich auf eine andere Idee: imaginäres Kapital. Beide Ideen existieren nur im Kopf und beider Daten werden nur zur Organisation der Erinnerung auf Speichermedien hinterlegt.

Die imaginäre Berechnungsmethode Zinseszins wirkt nun alltäglich in den realen Lebensbereich hinein. Realer Lebensbereich meint alle Aktivitäten, die ausserhalb des Kopfes stattfinden, also konkret beobachtbare Handlungen von Menschen. Jemand, der einen Kredit aufnimmt um ein Unternehmen zu gründen, handelt in diesem Sinne im realen Lebensbereich. Um das Unternehmen gründen zu können, braucht er Kapital und der Preis des Kapitals wird mittels Zinseszins berechnet.

So wirkt die imaginäre Idee in den realen Lebensbereich hinein. Und der reale Lebensbereich wirkt zurück auf die imaginäre Idee, denn durch die Nachfrage nach Kapital wird die imaginäre Berechnungsmethode Zinseszins ebenfalls nachgefragt und so am Leben gehalten. Die beiden Bereiche imaginär und real treten simultan, zeitgleich auf und bedingen einander. Der Zinseszins wird also durch diese zwei Bereiche festgelegt: imaginär und real. Sie sind gewissermaßen strukturell gekoppelt[1] und können als die zwei Bereiche der Wirtschaft betrachtet werden: Realwirtschaft (Produkte und Dienstleistungen) und Imaginärwirtschaft (Kapital).

Die Unterscheidung imaginär-real ist zentraler Bestandteil dieser Arbeit. Der Zinseszins gewinnt seine Kraft eben genau dadurch, dass der imaginäre Teil vorausläuft, der reale Teil folgt nach – er wird in seiner Wirkung ausgeblendet, genauer: die Wirkung der Berechnungsmethode Zinseszins im realen Lebensbereich wird nicht gesehen bzw. unterschätzt.

---

[1] „Das sich zwei (oder mehr) autopietische Einheiten in ihrer Ontogenese gekoppelt haben, sagen wir, wenn ihre Interaktionen einen rekursiven oder sehr stabilen Charakter erlangt haben. (...) Da wir auch die autopoietische Einheit als mit einer besonderen Struktur ausgestattet beschreiben, erscheint es uns offenkundig, dass die Interaktionen zwischen Einheit und Milieu, solange sie rekursiv sind, für einander reziproke Perturbationen bilden. Bei diesen Interaktionen ist es so, dass die Struktur des Milieus in den autopoietischen Einheiten Strukturveränderungen nur auslöst, diese also weder determiniert noch instruiert (vorschreibt), was auch umgekehrt für das Milieu gilt. Das Ergebnis wird – solange sich Einheit und Milieu nicht aufgelöst haben – eine Geschichte wechselseitiger Strukturveränderungen sein, also das, was wir strukturelle Kopplung nennen.", Humberto Maturana, Francisco J. Varela, Der Baum der Erkenntnis, Goldmann 1987, S. 85.

2.2 Law of requisite variety

"The word **variety**, in relation to a set of distinguishable elements, will be used to mean either (i) the number of distinct elements, or (ii) the logarithm to the base 2 of the number, the context indicating the sense used. When variety is measured in the logarithmic form its unit is the "bit", a contraction of "BInary digiT"."[2]

$\log_2 n$; n = Anzahl unterscheidbarer Elemente

Beispiel: „aabcbad" hat die Vielfalt 4 bzw. $\log_2 4 = 2$

Im Folgenden wird variety und die Übersetzung „Vielfalt" gleichberechtigt parallel benutzt.

Law of requisite variety:
Only variety can destroy variety. Nur Vielfalt kann Vielfalt zerstören.

Es ist ein fundamentales Gesetz der Kybernetik. Die Kybernetik wird hier als die Wissenschaft von der Steuerung und der Kommunikation von Tier, Mensch und Maschine definiert. Stafford Beer definiert sie weiterführend als Wissenschaft effektiver Organisation.[3]

---

[2] W. Ross Ashby, An Introduction to cybernetics, 1963, S. 126f.
[3] Stafford Beer, Designing Freedom, 1974, S. 13.

Illustration des Gesetzes, angelehnt an Ashby.[4]

		R		
		A	B	C
D	1	f	f	k
	2	k	e	f
	3	m	k	a
	4	b	b	b
	5	c	q	c

R und D sind zwei Spieler. Sie spielen ein Spiel. D spielt zuerst, er wählt eine Zahl (=Zeile). R wählt dann, die Zahl kennend, einen Großbuchstaben (=Spalte). Zeile und Spalte spezifizieren nun das Ergebnis (outcome). Wenn das outcome ein k ist, hat R gewonnen. Beispiel: D wählt 2, R wählt A, outcome ist k. R hat gewonnen. „k" ist hier ein gewünschtes outcome von R auf die Zeilenwahl von D.[5]

---

[4] W. Ross Ashby, An Introduction to cybernetics, 1963, S. 202ff. Es empfiehlt sich, den ausführlichen Beweis bei Ashby im Original zu lesen.
[5] Die Aussagen in diesem Text beziehen sich auf das Spielen. Es wird gewissermaßen damit gespielt, ein Spiel zu spielen. Siehe auch: Dirk Baecker, Form und Formen der Kommunikation, Suhrkamp 2005, S. 70ff.

Allgemein: Wiederholt sich kein Element in einer Spalte und wird ein „set" von Ergebnissen von R ausgewählt, eines von jeder Zeile, und hat das Spiel r Zeilen und c Spalten, dann kann die Vielfalt (X) im „set" der Ergebnisse nicht weniger sein als r/c. (Also das Verhältnis der Zeilen zu den Spalten.) [6]

$X \geq \dfrac{r}{c}$. In diesem Fall: $X \geq \dfrac{5}{3}$.

Logarithmieren obiger Gleichung:

$\log_2 X \geq \log_2 \dfrac{r}{c}$; wegen $\log_2 \dfrac{r}{c} = \log_2 r - \log_2 c$ folgt:

$V_O \geq V_D - V_R$,

wobei $\log_2 X = V_O$; $\log_2 r = V_D$; $\log_2 c = V_R$

Bleiben wir bei der Restriktion derart, dass sich kein Element in einer Spalte wiederholt und fügen hinzu, das R's Spaltenwahl immer die Gleiche ist, egal was D wählt, dann wird die Vielfalt in den Ergebnissen so groß sein wie die Vielfalt in D's Zeilenwahl. Zum Beispiel wählt R immer A, egal welche Zeile D gewählt hat.
Wenn R nun zwei Spalten zur Auswahl hat (bzw. wählt aus einer Anzahl von Spalten zwei Spalten), dann kann die Vielfalt der Ergebnisse bis auf die Hälfte verringert werden (aber nicht weniger). Hat R nun drei Spalten zur Auswahl (bzw. wählt aus einer Anzahl von Spalten drei Spalten), dann kann die Vielfalt der Ergebnisse auf ein Drittel verringert werden (aber nicht weniger).
Soll also die Vielfalt in den Ergebnissen bis auf eine bestimmte Anzahl verringert werden oder einem bestimmten Teil von D's Vielfalt zugewiesen werden, so muss R's Vielfalt erhöht werden bis mindestens zum passenden Minimum von R.
Also kann nur Vielfalt in R's Spaltenwahl die Vielfalt in den Ergebnissen verringern.

---

[6] W. Ross Ashby, An Introduction to cybernetics, 1963, S. 204ff.

Bei logarithmischer Messung der Vielfalt und obigen Bedingungen und bei Bezeichnung der Vielfalt von R mit V_R, der Vielfalt von D mit V_D und der Vielfalt der Ergebnisse mit V_O, dann gilt:

$$V_O \geq V_D - V_R.$$

Ist V_D gegeben, dann kann V_O nur verringert werden mit einem korrespondierenden Anstieg in V_R. So gilt, dass eine Vielfalt in den Ergebnissen, falls schon minimal, nur weiter verringert werden kann durch eine Zunahme der Vielfalt von R. Und dies ist das Gesetz. Nur Vielfalt in R kann die Vielfalt in den Ergebnissen bezogen auf D verringern.
Nur Vielfalt kann Vielfalt zerstören. Only variety can destroy variety.[7]
Für den Fall, dass sich Elemente in der Spalte k-mal wiederholen und „modified in that kn rows may provide only one outcome" (outcome = Ergebnis), gilt nach Ashby:

$$V_O \geq V_D - V_R - \log_2 k.$$

Der Fall, dass sich Elemente in Spalten wiederholen ist der hier interessierende.

---

[7] Oder wie Arvid Aulin es formurliert: "In other words, you cannot win anything in the game of regulation (...) by sticking to a constant regulatory act while the disturbances vary.", Arvid Aulin, The origins of economic growth, Springer 1997, S. 171.

3 Fusion

Es wird R als menschlicher Entscheider definiert, hier als Unternehmer. Es wird D als Perturbation definiert. D kann die Entscheidung eines anderen Unternehmers oder eines Unternehmens, mehrerer Unternehmer oder Unternehmen sein. D können die Entscheidungen ein oder mehrere staatlicher Institutionen sein. D können klimatische Einflüsse sein. D kann also alles sein, was R als Entscheider perturbiert. (R wiederum könnte alles sein, was D ist.)

Der Begriff Perturbation bezeichnet Zustandsveränderungen in der Struktur eines Systems, die von Zuständen in dessen Umfeld ausgelöst (d.h. nicht verursacht) werden.[8] Der Begriff Störung (disturbance) der von Ashby verwendet wird, ist negativ konnotiert und wird eher als Ursache verstanden. Hier aber wird der Begriff Perturbation verwendet, um von dem unterschieden zu werden, was Veränderungen verursachen könnte.

R hat zu einem bestimmten Zeitpunkt verschiedene Entscheidungsmöglichkeiten um auf die Perturbationen zu reagieren. Dieser „set" von Entscheidungsmöglichkeiten läßt sich in Vektor-Form darstellen:

$\begin{pmatrix} a \\ b \\ c \\ ... \end{pmatrix}$. R hat verschiedene „sets" von Vektoren: $\begin{pmatrix} a \\ b \\ c \end{pmatrix}^A \cdot \begin{pmatrix} a \\ r \\ g \end{pmatrix}^B \cdot \begin{pmatrix} t \\ k \\ j \end{pmatrix}^C$

... .

---

[8] Humberto R. Maturama, Francisco J. Varela, Der Baum der Erkenntnis, Goldmann Taschenbuchausgabe, S.27

Das heißt, ein Vektor bildet hier die Entscheidungsmöglichkeiten innerhalb einer Anzahl von Elementen (a, b, c, ...) an. Mehrere Vektoren bilden Entscheidungsalternativen zu den anderen Vektoren.

Illustration:
Wählt R Vektor A, dann hat er hier z.B. die Möglichkeiten a = Kreditaufnahme, b = Marketingmaßnahme, c = Mitarbeiterentlassung auf eine Perturbation von D zu reagieren.
Wählt R Vektor B, dann hat er hier z.B. die Möglichkeiten a = Kreditaufnahme, r = Klage vor Gericht, g = Urlaub machen auf <u>dieselbe</u> Perturbation von D zu reagieren.

Zu einem bestimmten Zeitpunkt entscheidet R, dass er die Elemente in den Vektoren nicht vertauschen bzw. kombinieren kann, z.B. schließt R aus, dass Entscheidung b in Vektor A = Marketingmaßnahme mit der Entscheidung g aus Vektor B = Urlaub machen, zu kombinieren ist. Entweder R macht Urlaub oder die Marketingmaßnahme. R hat also zum Zeitpunkt der Perturbation nur die vorhandenen Vektoren als Alternativen zur Auswahl.

Beispiel:
R hat vier Entscheidungsalternativen A,B,C,D. D beinhaltet fünf Perturbationen 1,2,3,4,5.

		R			
	t_0	A	B	C	D
	1	a	f	l	k
D	2	k	e	m	f
	3	m	k	n	a
	4	b	b	b	b
	5	c	q	p	c

Ist die Perturbation z.B. gleich vier (4) und z.B. „b" der gewünscht outcome von R, dann hat R vier Möglichkeiten darauf zu reagieren, denn jeder Vektor liefert hier „b" als outcome.
Ist die Perturbation jedoch z.B. 2, dann kann R den gewünschten outcome „b" nicht erzielen, egal welchen Vektor er wählt. Er muss dann mit k, e, m oder f reagieren.

Hier interessiert der Fall, wenn sich innerhalb eines Vektors Elemente k-mal wiederholen. Insbesondere der Fall, wie es sich auswirkt, wenn ein Element sich so oft wiederholt, das es das einzige Element innerhalb eines Vektors ist:

	t_0	A	B
	1	a	f
D	2	a	e
	3	a	k

(R above A, B)

Es wird den Fragen nachgegangen, ob es im Zeitablauf ($t_1...t_n$) eine Veränderung der Elemente in den einzelnen Vektoren gibt und wie sich diese Veränderung auf die anderen Vektoren auswirkt.

Die Antwort auf die Frage „ob" es eine Veränderung gibt, ist trivial und lautet: ja. Alles ändert sich im Zeitablauf. Hier greift die thermodynamische Interpretation des Begriffs der Entropie, die dort einen Zeitpfeil definiert.[9]
Auf die Frage, wie sich die Veränderung auf die Elemente und Vektoren auswirkt, wird hier, auf das Thema der Abhandlung bezogen, eine mögliche Erklärung geliefert. Eine Variable dabei sind Übergangswahrscheinlichkeiten.

---

[9] Ilya Prigogine, Isabelle Stengers, Dialog mit der Natur, 1993

3.1 Übergangswahrscheinlichkeiten

Die Tabelle zeigt ein Beispiel für die Entscheidungsmöglichkeiten und Entscheidungsalternativen von R an.

	t_0	R A	B	C
D	1	a	d	f
	2	b	a	a
	3	c	c	g

Die Rate der Veränderung pro Zeitintervall kann Übergangswahrscheinlichkeit (transition probability) genannt werden.

Hier interessiert, mit welcher Rate sich die Elemente innerhalb eines Vektors verändern und ob dadurch ein vorübergehender Gleichgewichtszustand erreicht wird.
Es wird hier davon ausgegangen, dass mindestens ein Element in jedem Vektor vorkommt. Im Beispiel des Unternehmers R soll dies das Element „a" sein. „a" steht hier für Kapital.

Die Übergangswahrscheinlichkeiten von Vektor (A) lassen sich tabellarisch darstellen, ein Beispiel für Startübergangswahrscheinlichkeiten ist:

t_0	a	b	c
a	0,8	0,1	0,1
b	0,2	0,7	0,1
c	0,2	0,2	0,6

Die Startübergangswahrscheinlichkeiten sind hier im Beispiel willkürlich gewählt. Sie drücken die Entscheidungspräferenzen eines Entscheiders, hier Unternehmers, aus.
Die Tabelle ist von links nach rechts zu lesen. Die Wahrscheinlichkeit von a nach a zu gehen (a zu bleiben) im

Zeitintervall t_0-t_1 ist zum Zeitpunkt t_0 0,8. Die Wahrscheinlichkeit von a nach b zu gehen ist 0,1. Die Übergangswahrscheinlichkeiten summieren sich in der Zeile zu eins. Dadurch sind die Übergangswahrscheinlichkeiten vollständig festgelegt.
Auch jede andere Startübergangswahrscheinlichkeitenverteilung erfüllt die folgenden Ausführungen.

Bezogen auf das Beispiel oben soll hier gelten:
a = Kapital
b = andere, beliebige unternehmerische Entscheidung treffen
c = andere, beliebige unternehmerische Entscheidung treffen

Interpretation des Beispiels. R wird 80% des bestehenden Kapitals wieder in Kapital transferieren. 10% des Kapitals gehen nach b, 10% gehen nach c.

Zusammenhang:
Der Zusammenhang ist, dass die Übergangswahrscheinlichkeiten einem mathematischen (imaginären) Gesetz folgen. Die Übergangswahrscheinlichkeiten aller Elemente eines Vektors unterliegen einem exponentiellen Anstieg in Richtung eines bestimmten Elements a. Dieser exponentielle Anstieg wird durch die Wirkung des Zinseszinses erzwungen und kann berechnet werden.

Zinseszinsformel:

A1) $K_n = K_0 \left(1 + \dfrac{q}{100}\right)^n$

K_n ist Kapital nach n Jahren, K_0 ist das Startkapital, q ist der Zinssatz.

Werden jedes Jahr Einzahlungen (E) in gleicher Höhe vorgenommen, dann ergibt sich das Kapital nach n Jahren wie folgt, wobei sich die Berechnung noch unterscheidet in nachschüssige Zahlungen (am Ende des Jahres) und vorschüssige Zahlungen am Anfang des Jahres. Bei vorschüssigen Zahlungen wird jede Einzahlung ein Jahr mehr verzinst:

A2) $K_n = E\left(\dfrac{q^n - 1}{q - 1}\right)$ nachschüssig. Vorschüssig: A3) $K_n = Eq\left(\dfrac{q^n - 1}{q - 1}\right)$.

Für die Illustration wird die einfache Zinseszinsformel A1 verwendet. Für alle anderen Berechnungsmöglichkeiten gelten die Aussagen analog.
Durch die gemachten Definitionen gilt für die Übergangswahrscheinlichkeiten in Bezug auf a:

$$\ddot{U}GW_n^a = \ddot{U}GW_n^a \left(1 + \dfrac{q}{100}\right)^n ; 0 < \ddot{U}GW_n^a \leq 1$$

Die Übergangswahrscheinlichkeit von a, b und c ändern sich im Beispiel, bei einem hier angenommenen durchschnittlichen Zinssatz q=3 wie folgt:

$$ÜGW_1^{a-a} = 0{,}8 x \left(1 + \frac{3}{100}\right)^1 = 0{,}824 \, ;$$

$$ÜGW_2^{a-a} = 0{,}8 x \left(1 + \frac{3}{100}\right)^2 = 0{,}849 \, ; \ldots$$

$$ÜGW_1^{b-a} = 0{,}2 x \left(1 + \frac{3}{100}\right)^1 = 0{,}206. \, ;$$

$$ÜGW_2^{b-a} = 0{,}2 x \left(1 + \frac{3}{100}\right)^2 = 0{,}212 \, ; \ldots$$

$$ÜGW_1^{c-a} = 0{,}2 x \left(1 + \frac{3}{100}\right)^1 = 0{,}206. \, ;$$

$$ÜGW_2^{c-a} = 0{,}2 x \left(1 + \frac{3}{100}\right)^2 = 0{,}212 \, ; \ldots$$

Da sich die Übergangswahrscheinlichkeiten zu eins aufsummieren, muss sich die Summe der beiden verbleibenden Übergangswahrscheinlichkeiten verringern. Wie sich die verbleibenden Übergangswahrscheinlichkeiten verteilen ist der Entscheidung von R überlassen. Im Beispiel wird die Verringerung auf die Übergangswahrscheinlichkeiten ungefähr gleich verteilt. Aber jede andere Aufteilung ist möglich und verändert die Aussage nicht.

Die verbleibenden Übergangswahrscheinlichkeiten a zu b und c, b zu b und c, c zu c und b sehen dann folgendermaßen aus:

Zinseszins, Law of requisite variety, Wirtschaftswachstum - ein Zusammenhang

t_1	a	b	c
a	0,824	0,088	0,088
b	0,206	0,697	0,097
c	0,206	0,197	0,597

t_2	a	b	c
a	0,849	0,075	0,076
b	0,212	0,694	0,094
c	0,212	0,194	0,594

Durch den exponentiellen Anstieg der Übergangswahrscheinlichkeiten zu a hin entsteht nach (n)-Schritten eine Übergangswahrscheinlichkeitenverteilung, bei der a sich 1 annähert und durch die Entscheidung von R 1 wird. Dies bedeutet, dass alle anderen Übergangswahrscheinlichkeiten null sind. Tabellarisch entsteht folgendes Bild:

t_{n-1}	a	b	c
a	rr	kk	tt
b	xx	zz	ii
c	yy	vv	nn

Entscheidung R:

t_n	a	b	c
a	1	0	0
b	0	0	0
c	0	0	0

Interpretation:

Die Abhängigkeit der Entscheidungsalternativen (b, c, ...) gegenüber a nimmt in jedem Schritt zu. „b und c" nähern sich 1. Die anderen Übergangswahrscheinlichkeiten nähern sich 0 an. Eine Übergangswahrscheinlichkeit von 1 von b nach a bedeutet, dass alles von b nach a geht. Dies kann im Beispiel so interpretiert werden, dass b an a Leistungen erbringen muss, z.B. wird Geld, dass für eine Maßnahme verwendet werden sollte, zumindest zu Teilen zurückbehalten um entweder
- für Schulden zur Verfügung zu stehen (a wäre dann Zins und Tilgung eines Kredites), oder
- um das Geld in Kapital zu investieren, da es höhere Gewinnaussichten aus Sicht von R in Aussicht stellt, als sein ursprüngliches unternehmerisches Geschäft.

Mathematisch, also rechnerisch, kann diese Endverteilung nicht erreicht werden. Das Entstehen der Endverteilung ist von der Entscheidung R's abhängig. Eine Über-

gangswahrscheinlichkeit größer als 1 ist real nicht möglich. Der exponentielle Anstieg der Übergangswahrscheinlichkeiten ist nur für den Bereich größer Null und kleiner oder gleich 1 definiert. Der exponentielle Anstieg, der mathematisch zu größeren Übergangswahrscheinlichkeiten als 1 führen würde, wird durch die Entscheidung R's abgebrochen, denn man kann sich nicht mehr als vollständig, also mit Wahrscheinlichkeit 1, also zu 100%, für eine Sache entscheiden. Allein die Endverteilung mit nur einer verbliebenen Entscheidungsalternative lässt eine Interpretation einer „Übergangswahrscheinlichkeit" größer 1 zu: Eine mathematische „Übergangswahrscheinlichkeit" a's von 1,03 im Beispiel im Zeitpunkt t_{n+1} könnte bedeuten, dass R mit Wahrscheinlichkeit 0,03 (1,03-1) noch mehr, also zusätzliches Kapital aufnimmt (Kredit), um es in Kapital zu investieren. Zum Beispiel ein kreditfinanzierter Wertpapierkauf. Es wird zusätzliches Kapital in Kapital investiert. Die über 1 hinausgehende „Übergangswahrscheinlichkeit" drückt so die Forderung des Kapitals nach sich selbst aus. Sie könnte als ein Maß für die Selbstreflexivität des Kapitals angesehen werden. Die über 1 hinausgehende Forderung des Kapitals kann durch R allein nicht mehr geleistet werden. R muss auf mindestens einen weiteren Entscheider R' Bezug nehmen. Die über 1 hinausgehende „Übergangswahrscheinlichkeit" könnte also ein Maß für den zusätzlichen Kapitaldruck von R auf R' sein. Weitergehend könnte die „Übergangswahrscheinlichkeit" größer 1 als ein Maß für die Entwicklung des Zinssatzes selbst interpretiert werden, denn je größer die „Übergangswahrscheinlichkeit" größer 1, desto mehr Kapital wird sowohl angeboten als auch nachgefragt und dementsprechend die Entwicklung des Zinssatzes. Die „Übergangswahrscheinlichkeit" größer 1 könnte also auch als ein Maß für die positive Rückkopplungskraft (feedback) des Zinssatzes und also des Zinseszinseffektes interpretiert werden. Zu den Folgen der Selbstreflexivität, des Kapitaldrucks, der Rückkopplung siehe Kapitel 3 und 4.

Grafisch umgesetzt kommt es zu einer Wellenfunktion, welche (hier nur anschaulich) darstellt, wie es zu wirtschaftlichen (konjunkturellen) Schwankungen durch die oben beschriebenen Zusammenhänge kommt.

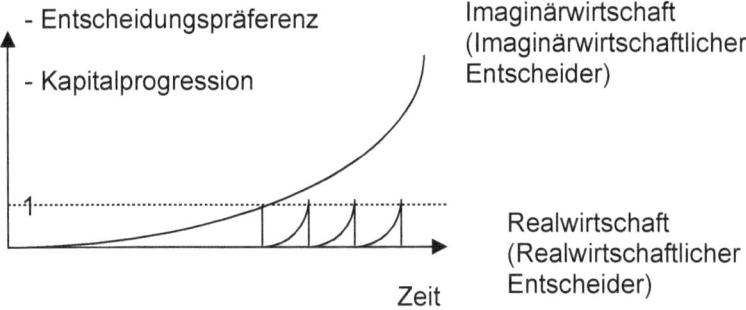

Werden in einem Zeitpunkt t_{n-1} die Entscheidungsmöglichkeiten b und c ganz aufgegeben entsteht die Endverteilung der Übergangswahrscheinlichkeiten.
Diese Endverteilung ist sowohl imaginär wie auch real. R als Unternehmer hat sich in dieser Endverteilung völlig aus seinem ursprünglichen Geschäft zurückgezogen und investiert alles Kapital wieder in Kapital. R ist jetzt Kapitalist.

Wäre R Schuldner und Zins- und Tilgungsleistungen unterworfen, könnte die Endverteilung so interpretiert werden, dass R alle Schulddienste geleistet hat, in dem er sein Unternehmen verkauft hat. Er hat dann kein Unternehmen mehr und so auch keine Entscheidungsmöglichkeiten über das Unternehmen.

Im Zeitablauf ergibt sich für R irgendwann ein bestimmter Zeitpunkt, an dem er sich entscheiden muss, wie er entweder mit den höheren Gewinnaussichten der Kapitalinvestition oder den wachsenden Schulden umgehen will.

Die gemachten Aussagen werden jetzt angewendet auf die Spielsituation von R und D. Die Ausgangssituation war:

		R	
t_0	A	B	C
1	a	d	f
D 2	b	a	a
3	c	c	g

Die oben gemachten Aussagen gelten für alle Vektoren von R. „a" ist ein Attraktor für die anderen Entscheidungsmöglichkeiten, bedingt durch die Übergangswahrscheinlichkeiten. Mit jedem Zeitintervall dominiert a die anderen Entscheidungsmöglichkeiten mehr.

Das bedeutet zum einen, obwohl z.B. b als Entscheidungsmöglichkeit noch zur Verfügung steht, kann b nicht mehr als <u>vollständiger</u> outcome auf eine Perturbation von D (wählt Zeile 2) gesehen werden, wenn R sich für A entscheidet, weil er als gewünschtes outcome b will. Die Entscheidungsmöglichkeit b ist so von a dominiert, dass R b nicht mehr als vollständige, reale Entscheidungsmöglichkeit hat. R muss stattdessen a als outcome bzw. Teil-outcome auf die Perturbation von D wählen. „b" ist also dominiert von a, so dass die reale Reaktion a ist. „b" ist nunmehr eine imaginäre Reaktion von R: (b), veranschaulicht in folgender Tabelle:

		R	
t_1	A	B	C
1	a	d	f
D 2	a (b)	a	a
3	c	c	g

Dies kann man sich so vorstellen, dass eine weitere Marketingmaßnahme als Reaktion (outcome) auf D's Perturbation nicht oder nur zum Teil möglich ist, weil das Geld für diese Marketingmaßnahmen immer mehr verringert wurde und nach a geflossen ist. Es steht also zu wenig oder kein Geld mehr für

eine vollständige Reaktion auf die Perturbation von D zur Verfügung.
Eine andere Interpretation ist, dass R so hohe Zins- und Tilgungsleistungen zu erbringen hat, dass eine Marketingmaßnahme zum größeren Teil dazu dient, diesen Zins- und Tilgungsleistungen nachzukommen über eine weitere Gewinnerzielung durch die Firma, welche durch die Marketingmaßnahme verbessert werden soll.

„a" dominiert so in allen Vektoren die Elemente, also auch in den Vektoren B und C. Würde R bezogen auf obiges Beispiel auf die Zeilenwahl 2 von D also B oder C wählen, liefern diese aber auch nur a. „a" bedeutet jetzt, als outcome auf D's Perturbation, dass R z.B.
- sein Kapital (a) benutzt, um eine vollständige Marketingmaßnahme zu finanzieren oder
- einen Kredit (a) aufnimmt, um eine vollständige Marketingmaßnahme zu finanzieren oder
- das Unternehmen verkauft und so alles zu a wird.

In allen Fällen dominiert a die Entscheidung.

Im weiteren Verlauf wird a alle anderen Entscheidungsmöglichkeiten von R dominieren, so dass diese imaginär werden. Im Endzustand wäre die Spielsituation die Folgende:

	t_n	R A	B	C
	1	a	a	a
D	2	a	a	a
	3	a	a	a

entspricht:

	t_n	R A
	1	a
D	2	a
	3	a

Interpretation mit Hilfe der Vielfalt:

Mit jedem Zeitschritt nimmt die Vielfalt von R's Entscheidungsmöglichkeiten teilweise ab. Die Vielfalt von R wird imaginärer. Die reale Vielfalt geht auf eine Entscheidungsalternative eines Vektors mit nur einer Entscheidungsmöglichkeit –a- zurück.

Dies wiederum ist der Gegensatz zum Gesetz der erforderlichen Vielfalt (law of requisite variety). Denn dieses Gesetzt sagt, dass nur Vielfalt Vielfalt zerstören kann. Die Vielfalt der Entscheidungsmöglichkeiten von R ist hier eins. Das bedeutet, der outcome wird vollständig von D bestimmt.

Es ist nicht nur die Vielfalt von R zurückgegangen (hier im Beispiel von 3 auf 1), sondern auch die Vielfalt der Entscheidungsmöglichkeiten (von a, b, c auf a).

Es könnte so aussehen, als hätte R nun den einen, auf jede Perturbation passenden outcome gefunden. Der Schein trügt. R ist nun vollständig von D determiniert, denn R muss nun immer auf denselben outcome auf jede Perturbation von D zurückgreifen.

R hat keine Kontrolle mehr über den outcome. Die Kontrolle über den outcome hat D.

Auf das Beispiel bezogen bedeutet dass, R kann auf jede Perturbation von D nur noch mit Kapital reagieren. Alles andere entzieht sich seiner Kontrolle.

3.2 Kontrolle

Die Ausführungen hier beziehen sich auf Ashby.[10]

Im Beispiel wurde absichtlich nicht die Bedingung eingefügt, die nun folgt. In jedem System gibt es essentielle Variablen bzw. mindestens eine Variable, deren Schwächung oder Zerstörung zur Verschlechterung des Systemzustandes oder zur Zerstörung des Systems führt.[11] Essentielle Variablen sind Teil des outcomes und können um einen bestimmten Wert herum schwanken. Im Beispiel des Unternehmers R könnte dies das Element b sein. Was auch immer b ist, der Unternehmer R weiß was b für ihn ist und was b für den Fortbestand des Unternehmens bedeutet.
Dieses b wurde im Beispiel erst von a dominiert und in der Endverteilung dann zerstört. Es kommt der Aufgabe des Unternehmens gleich, wie es im Anfangsstadium war. Sollte das Unternehmen noch existieren, dann erzielt es jetzt Gewinn mit Kapital, aber nicht mehr mit dem, womit es gestartet war.

Will R die essentielle Variable erhalten, dann muss er Wege finden dies zu tun. Die Perturbationen von D harren einer passenden Reaktion von R. Wäre R ein perfekter Regulator, dann würde der outcome immer dem Wunsche R's entsprechen, unabhängig wie die Perturbationen von D sind.

Es gibt Perturbationen, die unbedingt von R blockiert werden müssen, weil sie den Fortbestand des Unternehmens gefährden. Zum Beispiel ein Brand in der Unternehmung. Dann gibt es Perturbationen, die R nützen, so er sie für sich transformieren, verstärken und in seine Unternehmung integrieren kann.

---

[10] W. Ross Ashby, An Introduction to cybernetics, 1963, S. 209
[11] Essentielle Variablen können in einem Unternehmen z.B. die Kernkompetenzen sein. In einem Land könnten dies die Nutzungen der Bodenschätze sein. In einer Familie könnten dies die Kinder sein.

Im Beispiel waren zwei Parteien beteiligt: R und D. Um ein realistischeres Bild zu liefern wird folgendes Bild eingeführt:

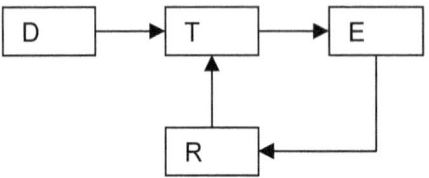

D und R sind bekannt. E ist das gewünschte outcome mit den essentiellen Variablen. T ist die Umwelt.

Der Unterschied zu oben gemachten Ausführungen ist der, das R nicht vor der Perturbation von D ein gewünschtes outcome erzielen kann, sonder erst hinterher, nachdem eine bestimmte Perturbation von D mit den anderen Perturbationen von T auf E gewirkt hat. Dies ist der klassische Rückkopplungsvorgang: feedback. E ist nun fehlerreguliert. Einige Perturbationen von D werden von T blockiert, andere nicht. Durch Erfahrung und Erwartung kann R weitere Perturbationen blockieren. Aber mindestens eine Perturbation erreicht E. R ist somit kein perfekter Regulator, er hat nicht die volle Kontrolle über die outcomes.
Durch die Feedbackschleife wird in diesem Fall die Abweichung verstärkt: positives feedback. Das bedeutet, dadurch, dass dieses Kapital anderes Kapital immer mehr anzieht, zieht immer mehr Kapital immer mehr Kapital an. Dieser Effekt wird noch verstärkt durch sogenannte „tipping points".[12] Dies bedeutet hier z.B. durch Mund zu Mund Übertragung werden die scheinbar positiven Effekte der Zinsgewinne weitergetragen. Dadurch entsteht eine exponentiell ansteigende Verbreitung dieser Information, was dann wiederum zu einem Anlegen von Kapital in Kapital führt.

---

[12] Malcom Gladwell, The tipping point, 2001

Ist R nun bereits Kapitalist, d.h. er hat nur noch eine Entscheidungsmöglichkeit a, dann steigt die Abhängigkeit anderer Entscheider vom Kapital ebenfalls exponentiell an: R ist nun ein D geworden mit nur einer Perturbation, nämlich a und perturbiert nun seinerseits einen anderen R', da das Kapital einen neuen, realwirtschaftlichen Raum braucht. Dieses a kann auf unterschiedlichen Wegen kommen, veranschaulicht in folgender Tabelle:

	t_0	A	R' B	C
	1	a	a	d	f
R zu D	2	a	b	a	a
	3	a	c	c	k

Die Aufgabe von R' ist nun, bei gegebenen E mit essentiellen Variablen T und D einen Weg zu finden, dass der outcome E innerhalb der Schwankungsbreite von den essentiellen Variablen bleibt.[13]

Diese Aufgabe nimmt R' solange wahr, bis er sich entschließt, die essentiellen Variablen und somit das ursprüngliche Unternehmen aufzugeben.

R' kann sich also von einem Realwirtschaftsunternehmer zum Imaginärwirtschaftsunternehmer (Kapitalisten) wandeln oder er bleibt Realwirtschaftsunternehmer, ist aber durch die Restriktionen seiner Entscheidungsmöglichkeiten zu Zinszahlungen an die Imaginärwirtschaft gezwungen. Diesen Zinszahlungen nachzukommen nimmt einen exponentiell wachsenden Anteil der Entscheidungsmöglichkeiten von R ein. R's Ressourcen werden immer mehr gebunden an das dominierende Element Kapital.

Die Dominanz der Imaginärwirtschaft wird durch das Wirken des Staates noch verstärkt. Ein verschuldeter Staat (von der Bundesebene bis zur Kommune), dominiert im Zusammen-

---

[13] W.R. Ashby, An Introduction to cybernetics, 1963, S. 220

hang mit der Imaginärwirtschaft die Belastungen der Realwirtschaftler. Mehr noch, der Staat ist von der Imaginärwirtschaft abhängig. Der Staat versucht, die Dominanzwirkungen der Imaginärwirtschaft abzuschwächen, zu regulieren und zu leiten und dabei gleichzeitig die ihm übertragenen Aufgaben wahrzunehmen und dies gelingt nur noch durch immer weitere Zugeständnisse an die Imaginärwirtschaft: „The positive feedback of compound interest must be offset by counteracting forces of debt repudiation, such as inflation, bankruptcy, or confiscatory taxation, all of which breed violence."[14]

Mit der Rolle des Staates als Teilnehmer und Abhängiger der Imaginärwirtschaft ist auch die Privatperson den Wirkungen des exponentiellen Anstiegs des Kapitals unterworfen. Die Entscheidungsmöglichkeiten der Privatperson werden ebenfalls vom Kapital dominiert. Es gelten die Aussagen, welche für die Unternehmer gemacht wurden, analog. Die Privatperson jedoch bemerkt den Effekt des exponentiellen Anstiegs seines Dominiertwerdens nicht bzw. untergewichtet dies. Die Privatperson als Endverbraucher, also als Letztzahler der Zinsen, trägt die Zinslasten seiner eigenen Verschuldung, die Zinslasten der Unternehmer und Unternehmen über den Kaufpreis und die Zinslasten des Staates über die Steuern. Die nicht verschuldete Privatperson, die Kapital in Kapital investiert, verstärkt nun durch die private Investition in Kapital noch den exponentiellen Anstieg des Kapitals – und ist über den Kaufpreis an Unternehmen und die Steuern an den Staat doch letztlich Selbstzahler oder Teilselbstzahler seiner eigenen Zinsen, von denen er glaubte, dass andere sie zahlen.

---

[14] Hermann Daly, The economic thought of Frederick Soddy, History of political economy, Durham, NC, Duke university Press, 1980, Band 12, Heft 4, S. 476

Die folgende Grafik illustriert die gemachten Aussagen:

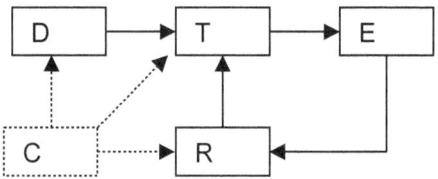

mit C = Controller (Staat)

Speziellen Problemfeldern wie zusammengesetzte Perturbationen und zusammengesetzte outcomes (gewünschtes outcome =Ziel), interne Komplexitäten und Abhängigkeiten hat Ashby besprochen. Alle diese speziellen Problemfelder verändern die Kernaussagen nicht. Diese Kernaussagen sind bisher:

- Das Gesetz der erforderlichen Vielfalt gilt. Es gilt für Tier, Mensch, Maschine.
- Es gibt Übergangswahrscheinlichkeiten der Elemente in den Vektoren der Entscheidungsalternativen. Ein spezieller Fall ist der exponentielle Anstieg der Übergangswahrscheinlichkeiten in Richtung des Kapitals, wenn der Entscheider ein Mensch ist und das Kapital Teil seiner Entscheidungsmöglichkeiten ist.
- Die Wahlfreiheit des Entscheiders nimmt auf Grund des exponentiellen Anstiegs der Übergangswahrscheinlichkeiten ab. Die Unsicherheit des Entscheiders in Bezug auf den outcome nimmt zu.
- Die Vielfalt des Entscheiders, die als einzige die Vielfalt von Perturbationen bezwingen kann um die essentiellen Variablen zu schützen, nimmt immer weiter ab, bis sie ihr Minimum erreicht hat.
- Durch die Dominanz des Kapitals ist die oder sind die essentiellen Variablen des Entscheiders gefährdet und werden durch vollständige Dominanz des Kapitals zerstört.

3.3 Kapital und Wirtschaftswachstum

„A theory is (...) a metaphor between a model and data. And understanding in science is the feeling of similarity between complicated data and a familiar model. (...)
Understanding a thing is to arrive at a metaphor for that thing by substituting something more familiar to us. And the feeling of familiarity is the feeling of understanding."[15]

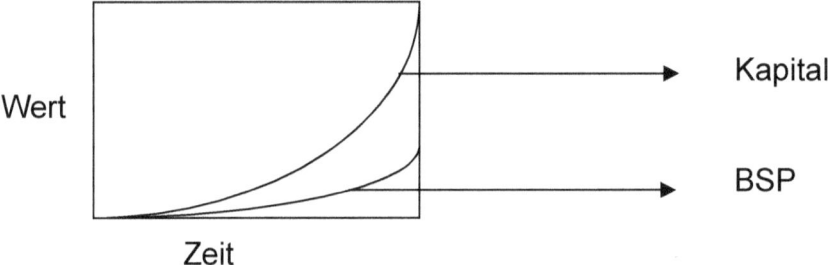

Die obige Grafik (Metapher) zeigt einen Verlauf des Kapital- und BSP-Anstiegs (BSP=Bruttosozialprodukt). Nach einem Schnittpunkt entsteht eine sich immer weiter vergrößernde Lücke zwischen diesen beiden Verläufen.

---

[15] Julien Jaynes, The origin of consciousness in the breakdown of the bicameral mind, 1976, S. 52f.

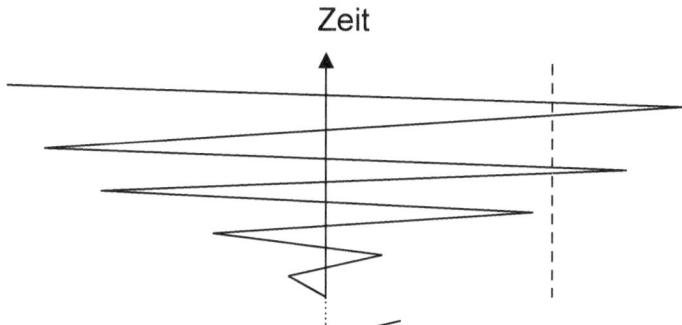

Wiederbeginn des Prozesses; Kapitalvernichtung durch Großprojekte und/oder Zusammenbruch: Krieg[16]

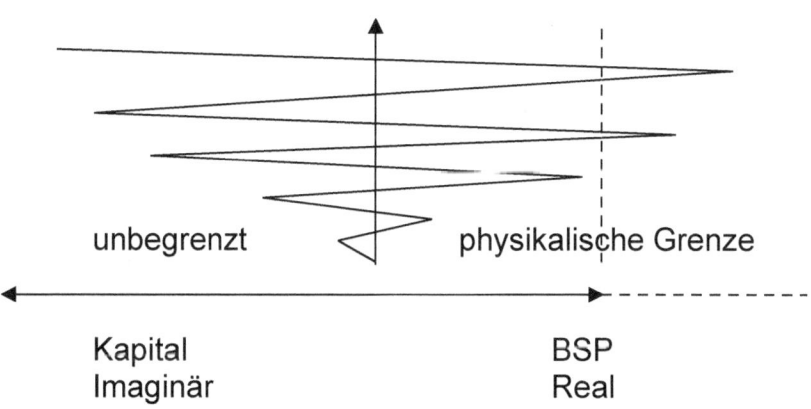

Diese Grafik (Metapher) zeigt, wie es durch Feedback (Rückkopplungseffekte) und die steigende Verzinsungsforderung des Kapitals zu einem Oszillieren zwischen imaginärer und realer Welt kommt und irgendwann zu einem Überschreiten der physikalischen Grenze.[17] Das

---

[16] John Maynard Keynes, General Theory of employment, interest and money, 1967, S. 129f.: "Pyramid-building, earthquakes, even wars may serve to increase wealth, if the education of our statesmen on the principles of the classical economics stands in the way of anything better. (...) Two pyramids, two masses for the dead, are twice as good as one; but not so two railways from London to York."

[17] Vergleiche z.B. Nicholas Georgescu-Roegen, The entropy law and the

Überschreiten der physikalischen Grenze wird zeitweise kompensiert durch immer schnelleren wissenschaftlich-technischen Fortschritt, immer schnellere logistisch-organisatorische Maßnahmen zur Effektivitäts- und Effizienzsteigerung von Mensch und Maschine sowie durch Ausdehnen des Kapitals auf globalen Raum in neue realwirtschaftliche Räume. So bleibt dies Überschreiten scheinbar unbemerkt. Das Kapital fordert so den immer schnelleren Konsum des scheinbar immer Neuen, doch letztlich immer Gleichen ein: ein Effekt ist die wachsende Verbreitung von Verbrauchsgüter anstelle von Gebrauchsgütern.

Die gemachten Aussagen bisher zeigen, dass bei exponentiellen Anstieg des Kapitals die realen Elemente erst dominiert und dann zerstört werden.

Die Zerstörung der Elemente wird solange verhindert, wie die Dominanz des Kapitals getragen, besser ertragen werden kann. Das Kapital fordert seine Verzinsung. Die Realwirtschaft kann der Verzinsungsforderung der Imaginärwirtschaft nur solange gleichberechtigt nachkommen, wie der Anstieg des BSP höher als der Anstieg des Kapitals ist.

Da der Verzinsung des Kapitals, wie gezeigt, keine Grenzen gesetzt sind, weil die Verzinsung mathematisch-imaginär ist – der Anstieg des BSP aber physikalischen, also realen Limitierungen unterworfen ist, kommt es an einem bestimmten Zeitpunkt zu einem Schnittpunkt, wo der Anstieg des Kapitals und der Anstieg des BSP gleich sind. Ab diesem Zeitpunkt übersteigt der Kapitalanstieg den Anstieg des BSP. Aufgrund der mathematischen Gegebenheit nimmt die Steilheit des Anstiegs des Kapitals ständig zu. (Das bedeutet, dass die Dominanz des Kapitals andere Elemente verdrängt. Die Vielfalt des Entscheiders nimmt ab.)

---

economic process, Harvard University Press, 1971

Damit ist die Realwirtschaft überfordert. Wie oben schon erwähnt, versucht die Realwirtschaft dem Druck der Zinszahlung nachzukommen, in dem es wissenschaftlich-technischen Fortschritt, logistisch-organisatorisches Wissen benutzt, um das Wirtschaften so effektiv und effizient wie möglich zu gestalten. Dies wiederum zieht eine Entwicklung nach sich, bei der humanintensive Wirtschaftsbereiche immer mehr als Investitionsobjekt verdrängt werden – hin zu kapitalintensiven Wirtschaftsbereichen. Der Druck, zu fusionieren und zu akquirieren, nimmt zu. Zum Fusionieren und Akquirieren braucht man wiederum Kapital: der Druck entsteht durch immer mehr Kapital und es braucht noch mehr Kapital, um einen Gegendruck zum Kapitaldruck zu haben. Kapital erzeugt Kapital.[18]

Dies ist die, zumindest derzeitige, Haupttriebkraft des Wirtschaftswachstums: die Verzinsungsforderung des Kapitals. So hat auch jeder Entscheider nur noch die eine Antwort „Wachstum" auf die gesellschaftlichen, menschlichen Probleme. Wie gezeigt, gefährdet und zerstört letztlich ein Absinken der Vielfalt in den Entscheidungsmöglichkeiten und –alternativen die essentiellen Variablen, die letztlich ein menschliches Miteinander (Leben) und schlussendlich auch das Überleben selbst, ermöglichen.

Der Entscheider R dient ab dem Schnittpunkt des BSP-Anstiegs mit dem Kapitalanstieg immer mehr der Zinsforderung. Dies ist die größte Herausforderung von R. Aber er kann sie nicht meistern.

Der Prozess des Übergangs von realer Arbeit zu imaginärem Kapital ist endlich. Es können nicht alle Entscheider von Kapital leben:

---

[18] Dies ist ein Beispiel für das Phänomen des „Mehr desselben", beschrieben in: Paul Watzlawick, John H. Weakland, Richard Fisch, Lösungen, 5. Auflage, 1992, S. 51 ff.

„Psychologically, the economic aim of the individual is, always has been, and probably always will be, to secure a permanent revenue independent of further effort, proof against the passage of time and the chance of circumstance, to support himself in old age and his family after him in perpetuity. He endeavours so to do by accumulating so much property in the heyday of his youth that he and his heirs may live on the interest on it in perpetuity afterwards. Economic and social history is the conflict of this human aspiration with the laws of physics, which make such a perpetuum mobile impossible, and reduces the problem merely to the method by which one individual may get another individual or the community into his debt and prevent repayment, so that the individual or community must share the produce of their efforts with their creditor. We have examined the process in the traditional method of living by ownership of land, and now we have to consider the modern method of living upon interest on capital."[19]

Die Rückkopplungskraft ist abhängig vor allem vom Zinssatz. Mit steigendem Zinssatz nehmen auch die Rückkopplungseffekte zu.

Soll die Berechnungsmethode Zinseszins beibehalten werden, dann lässt sich daraus schließen, dass nur ein niedriger Zinssatz den Dominanzmechanismus des verzinsten Kapitals hemmt bzw. in von der Realwirtschaft tragbare Größenordnungen lenkt. Dieser Zinssatz müsste wahrscheinlich um Null herum schwanken, was negative Zinssätze mit einschließt. Aber darauf soll an dieser Stelle nur hingewiesen sein.

---

[19] Frederick Soddy, Wealth, Virtual Wealth an Debt, 1926, S. 122 f.; Im historischen Rückblick gab es drei unterscheidbare Renten, Renten hier definiert als Zahlungen aus bestehendem Besitz: Bodenrente, Produktionsmittelrente, Kapitalrente. Im Zeitablauf wurde jeweils die eine durch die andere entweder ganz oder teilweise ersetzt. In der Gegenwart überwiegt die Kapitalrente immer mehr, im globalen Maßstab ist sie dominierend.

Ebenso müsste eine neue Interpretation des BSP gefunden werden. Diese wird hier angedeutet:

Das Bruttosozialprodukt (BSP) ist ein Maß für den Preis (= Kosten) der für das Leben gezahlt wird. Das BSP ist ein Maß für den Preis der Lebensfreude. [20]
Diese Definition korrigiert die verbreitete Meinung, das BSP sei das, was es anzustreben und zu erhöhen gilt. Der Wunsch, das BSP zu erhöhen ist der Wunsch die Kosten für Lebensfreude zu erhöhen. Das ist kontraintuitiv. Das Bestreben des Menschen ist, die Kosten für die Lebensfreude so gering wie möglich zu halten.[21]

Das BSP bezieht sich in der heutigen Berechnung und Definition in jedem Jahr auf das Vorjahr. Dadurch kommt es zu einem exponentiellen Effekt – das BSP muss exponentiell steigen, damit es den herkömmlichen Ansprüchen der Definition genügt: nur dann spricht man von Wirtschaftswachstum, wenn das BSP des aktuellen Jahres größer ist als das BSP des Vorjahres. Dieses Wirtschaftswachstum muss dann zwangsläufig exponentiell sein.

Ein Anstieg des BSP bedeutet also eine Kostensteigerung für die Lebensfreude. Ein Anstieg des BSP bedeutet nicht zwangsläufig den Anstieg des Vermögens eines Landes. Im Gegenteil. Vermögen des Landes schließt hier eben Dinge ein wie Lebensfreude, Lebensqualität, Gesundheit, umweltökologische Balance.

Wichtig sind hier weiterhin die Unterscheidung und der Zusammenhang zwischen Wirkung, Ursache und Auslöser

---

[20] Siehe: Nicolas Georgescu-Roegen, in: Roman Brandtweiner, Naturwissenschaftliches Denken in der Wirtschaftstheorie, 1997, S. 113, zitiert bei: Nikolaus Piper: Vor uns der Niedergang, in: Nikolaus Piper (Hrsg.): Die großen Ökonomen. Leben und Werk der wirtschaftswissenschaftlichen Vordenker, Stuttgart 1994, S. 264 f.
[21] Da das BSP ein Maß ist, ist es so, also würde man ständig auf das Thermometer sehen, um festzustellen, ob die Temperatur die gewünschte ist – anstatt das Wetter zu genießen.

beim Wachstum. Auslöser für (den Wunsch nach) Wirtschaftswachstum können z.B. Arbeitsplatzverluste, Steuerausfälle oder Mangelversorgung mit Gütern sein. Die Wirkungen des Wirtschaftswachstums sind z.B. ein erhöhter Druck auf die wissenschaftlich-technisch, organisatorisch-logistischen Leistungen und die Flexibilität sowie den Selbstausbeutungswillen der Menschen.[22] Die Ursache jedoch für Wirtschaftswachstum liegt nicht im Auslöser und nicht der Wirkung.

Eine mögliche neue Definition von Wirtschaftswachstum könnte sein, dass der Anstieg des Vermögens im Interesse eines Wirtschaftswachstums steht. Der Anstieg des BSP wäre dann auch ein Maß (neben anderen) für die Kosten des Anstiegs des Vermögens. Der Anstieg des Vermögens könnte ein Maß (neben anderen) für die Lebensfreude selbst sein.

---

[22] Richard Sennett, Der flexible Mensch, Siedler 2000

3.4 Arbeit

Das Wort „Arbeit" ist sozial interpretierbar und darum mit Gefühlen der Menschen verbunden. Darum erfolgt hier eine Unterscheidung, um das Wort „Arbeit" von Gefühlen zu unterschieden. Diese Unterscheidung ist physikalisch.
Arbeit ist ein Teil des Tuns der Menschen. Alle Arbeit der Menschen hat eine körperliche Komponente. Arbeit entzieht dem Körper Energie. Diese Energie dissipiert als Wärme in die Umwelt. Arbeit hat also eine physikalische Komponente. Durch wissenschaftlich-technischen Fortschritt wurde diese physikalisch-körperliche Komponente immer mehr verdrängt. Dieser Prozess dauert immer noch an. Es wird hier den Ausführungen von Frederick Soddy[23] gefolgt:

> THE CHANGE FROM LABOUR TO DILIGENCE.
>
> The elementary discussion of the principles of thermodynamics which has been attempted may not prove entirely superfluous if it directs attention to what is probably the most prevalent confusion in all sociological thought of the present time, between what is here termed work or energy in the purely physical sense and what passes for it in common language. A manual labourer does supply out of his own body the energy of the physical labour he performs. Part of his food goes to produce it. He is a self-contained prime-mover. But a man tending a machine may "work hard" in the ordinary sense without doing any real physical work, to speak of, at all. His real function has changed. His action is what in physics is known with sufficient expressiveness as " trigger-action." In the action of a trigger an amount of energy is liberated which has no relation of the work of pulling the trigger, and in operating any power-driven appliance it is the same. A woman who complains that a woman's work is never done means that in the domestic operations of cooking, cleansing, and generally providing for the requirements of a household, there is a continuous drain upon her

---

[23] Frederick Soddy, Wealth, virtual wealth and debt, 1926, S. 58ff.

attention and mental activities, and that the multifarious tasks of household management are endless. She is not usually complaining against the actual physical labour and exertion involved in any of these tasks, but of the long and fatiguing round of perpetual vigilance which they exact. Particularly in this field, perhaps, we have still a combination of some physical labour with continuous mental attention, and though labour-saving devices have done much to relieve the drudgery of house management, in the domestic sphere, as also in the transport services and many others, we have good examples of tasks which require both individual care and effort which no growth of science is likely altogether of supplant. Whereas in a factory, engaged in a definitely routine production, only a very small and unimportant part of the actual physical work involved may be contributed by the workers, and this amount is capable of almost indefinite reduction, as machines become more and more automatic. The necessity for unremitting attention of the work in hand remains, though fewer workers are necessary. It is mere boredom to a man who could manage comfortably of attend to a dozen automatic machines to be restricted by trade-union rules to tending only one.

In this connection, as regards industries which are supposed to demand a supply of cheap uneducated labour and the blind-alley occupations which take children from school and do not provide any chance of a reasonable livelihood for an adult, it is a very open question whether they are not the natural result of such labour being plentiful. At least in America, the restriction of immigration was held to threaten the existence of some industries which depended on the continuous supply of cheap, underpaid labour from Europe. But experience showed that when the supply was cut off, it was easy to readapt the industries concerned to the new conditions. In general, it may well be doubted whether any occupation, however much it may seem to demand a coarse, animal-like type of worker--or the services of hosts of children and youths, as in delivering newspapers and household supplies--could not to-day be done better if such were entirely eliminated, by proper business organisation and more up-to-date methods.

The function of the worker, since the introduction of mechanical power, has totally changed in many industries, and in none is the change unimportant. More and more he does hot work in the physical sense, but is directing an inanimate source of power to do what, left alone, it could not do. In many industries, as in the mass production of motorcars, or of any kind of machinery which has gone through its rapid period of evolution and arrived at something like a final and permanent form, the rule will be for greater output with the employment of ever fewer hands, as the processes involved become more and more automatically controlled. Yet there is no chance, even here, of entirely dispensing with the human worker. His task, physically lighter, becomes mentally ever more monotonous and uninteresting. Whilst, if we look round at the multifarious needs of the world, from domestic management and transport of goods and passengers to mining -- the source, after all, of the new wealth -- there remains a sufficiency of hard work in the sense of continuous diligence, if not in the scientific sense, permanently to occupy a large part of the world's population for some part at least of the day. Science, more and more displacing human and animal labour, does not displace the labourer, but tends to transform his function. It should give him for an hour's attention what before he got for twelve hours' work.

Mining, building, road-making and maintenance, transport, and, last but not least, agriculture, are unnatural processes in the thermodynamical sense. In thermodynamics the distinction between useless energy and useful turns on the direction and the dissipation of this direction. A useful form is that which has some definite direction in which it tends to flow. A useless form is that in which the direction is internally "higgledy-piggledy," the smallest possible parts moving perpetually, equal numbers in all possible directions, at one and the same rime. An unnatural process consists in directing a flow of energy in its natural direction, in such a way that it cannot so flow without performing some useful task and doing some work necessary for living. This is the third essential factor in the creation of wealth, the function which, of old-time, used to be termed "labour," but to-day would be much better termed

> "diligence." Few are the exceptions in a civilisation worthy of itself in which it would not now be better for mere heavy physical labour to be done by mechanical power.
> Curiously, the "agricultural labourer" has always been much more of a diligent tender of the labours of plants and animals than a real labourer in the physical sense. That his work is far more skilled and irreplaceable than that of many of the operatives employed in the so-called skilled engineering trades was shown during the War. Machine tending could be performed after very little apprenticeship by juvenile and unskilled labour, but only under stress of the direst military necessity were the skilled farm-hands conscripted into the ranks.

Arbeit ist nicht mehr überwiegend physikalisch. Arbeit im physikalischen Sinne wurde und wird immer mehr durch diligence, Fleiß, ersetzt. Die Gegenwart betrachtend, trifft dies nicht nur für Fabrikarbeiter zu, sondern ebenfalls für alles Tun, an dem der Mensch überwiegend „trigger-action" ausführt (Dienstleistung).

Darum wird hier eine Unterscheidung getroffen. Als Arbeit wird hier zunächst und historisch das definiert, worin der physikalisch-körperliche Anteil am Ergebnis der Arbeit liegt. Alles andere wird hier Tätigkeit genannt, welche sich in Fleiß ausdrückt.

Aber auch diese Tätigkeit wird im Zeitablauf immer mehr abgeschafft. Der technologische Fortschritt hat schon immer indirekt an der Abschaffung der jeweils bis dahin so definierten Arbeit gearbeitet. Für die nicht mehr so weit entfernte Zukunft bedeutet dies, dass es z.B. einen fliesenlegenden Roboter geben wird. Ebenso einen Straßeninstandsetzungsroboter. Sogar einen Pflegeroboter für ans Bett gefesselte Menschen wird es, mindestens für Teilaufgaben, geben. Die Technologie wird mittel- bis langfristig den physikalischen Teil an Arbeit eliminieren und ebenso wird sie Tätigkeiten weitestgehend eliminieren.

Darum würde ein ebenso verringertes wie gelenktes Kapital in Verbindung mit Aufklärung die Abschaffung der Arbeit als etwas Wünschenswertes erscheinen lassen, ermöglichen, beschleunigen und die Begleitumstände angenehm für die Menschen machen.

Ein möglicher Schritt dazu wäre die Einführung eines Bürgergeldes, also eines Grundeinkommens ohne Arbeit, unter gleichzeitigem Unterlassen der ebenso kostenintensiven wie erfolglosen Bemühungen des Staates, Vollbeschäftigung zu erreichen. Dieses Grundeinkommen ohne Arbeit ist die Spiegelseite des Kapitalisten, denn dieser hat ebenfalls ein Grundeinkommen ohne Arbeit. Aber darauf sei an dieser Stelle nur hingewiesen.

Wird also die Arbeit, wie sie bisher definiert wurde, weiterhin in den Mittelpunkt menschlichen Lebens gestellt, erzwungen auch vom Kapital, dann werden die Begleitumstände mindestens unangenehm werden und vielleicht wird auch die Zeit länger, bis die Menschen sich von der Arbeit, wie wir sie bisher definieren, und vom Kapitalzwang befreit haben.

Welches Szenario auch immer eintritt – für jedes Szenario braucht jeder Entscheider, wie gezeigt, ein bestimmtes Maß an Vielfalt für seine Entscheidungsmöglichkeiten (Elemente) und Entscheidungsalternativen (Vektoren), um seine essentiellen Variablen zu erhalten. Wie gezeigt, kann bei gegebenen Perturbationen nur ein Anstieg in der Vielfalt des Entscheiders die essentiellen Variablen innerhalb eines Überlebensbereiches halten.

Die Vielfalt des Entscheiders zu erhöhen, bedeutet seine Entscheidungsfähigkeiten zu erhöhen. Dies geschieht einzig durch Lernen. Lernen ist Erkennen durch Tun. Fortschritt und Aufklärung wären dann mögliche Ergebnisse dieses Tuns. [24]

---

[24] Zur Aufklärung siehe auch: Max Horkheimer, Theodor W. Adorno, Dialektik der Aufklärung, Fischer Taschenbuch Verlag, 2001, 13. Auflage

Zinseszins, Law of requisite variety, Wirtschaftswachstum - ein Zusammenhang

Anhang

Einführung des Begriffs Entropie, um eine weitere Interpretationsmöglichkeit der in Punkt 3.1 gemachten Aussagen zu haben.

Die Entropie wird zunächst im Sinne Ashby's definiert: Entropie ist ein Maß für die Quantität der Vielfalt: „...a measure for the quantity of variety...".[25] Ashby selbst orientiert sich am Begriff der Entropie, so wie ihn Shannon[26] definiert hat:

$$H = -K\sum_{i=1}^{n} p_i \log_2 p_i$$

Wobei H die Entropie ist, K ein positive Konstante, p_i die Wahrscheinlichkeit eines Ereignisses und $\log_2 p_i$ der Logarithmus zur Basis 2 der Wahrscheinlichkeit dieses Ereignisses.

Shannon selbst nennt verschiedene Interpretationen dieser Entropie, von denen hier zwei genannt werden:

- a measure, of how much "choise" is involved in the selection of the event
- a measure, of how uncertain we are of the outcome

Diese Aussagen beziehen sich auf eine diskrete Informationsquelle, welche einem Markoff-Prozess unterliegt. Ein Markoff-Prozess ist ein stochastischer Prozeß, „...bei dem der Zustand zum Zeitpunkt t nur vom Zustand s (s<t) und nicht von Zuständen vor dem Zeitpunkt s abhängt. Insbesondere bezeichnet man mit Markov-Kette einen Markoff-Prozeß mit diskretem (d.h. abzählbarem) Zustandsraum"[27], wie es hier der Fall ist.

---

[25] W. Ross Ashby, An Introduction to cybernetics, 1963, S. 174ff.
[26] C. E. Shannon, A Mathematical theory of Communication, 1948
[27] Wirtschaftslexikon, Hrsg. Artur Woll, 7., überarbeitete Auflage, 1993

Den vorgenannten Interpretationen wird hier eine Interpretation hinzugefügt:

- Die Entropie bezeichnet die Gesamtzufallsmenge von einem oder mehreren Ereignissen. Sie sagt aus, wieviel Zufall in einem oder mehreren Ereignissen enthalten ist.

Die Entropie ist null, wenn alle Wahrscheinlichkeiten außer einer Null sind. Das bedeutet, wir sind uns sicher, was der outcome ist: Es gibt nur einen.
Die Entropie ist Eins, wenn alle Wahrscheinlichkeiten gleich wahrscheinlich sind. Dies ist die unsicherste Situation. Die Entropie entspricht dann $\log_2 n$, wobei n die Anzahl unterscheidbarer Ereignisse ist, also entspricht $\log_2 n$ dann der Vielfalt.

Aus der Definition von Entropie ergeben sich nach Shannon zwei weitere Definitionen:

- Relative Entropie: Das Verhältnis der (aktuellen) Entropie der Quelle zu ihrer maximal möglichen Entropie ist die relative Entropie.
- Redundanz: Zieht man von Eins die relative Entropie ab, erhält man die Redundanz.

Interpretationen mit Hilfe der Entropie der in Kapital 3 gemachten Aussagen:

t_0	a	b	c	Entropie	Gesamt-Entropie	Relative Entropie	Redundanz
a	0,8	0,1	0,1	0,922	0,922	0,582	0,418
b	0,2	0,7	0,1	1,157			
c	0,2	0,2	0,6	1,371			
t_1							
a	0,824	0,088	0,088	0,847	0,847	0,535	0,465
b	0,206	0,697	0,097	1,159			
c	0,206	0,197	0,597	1,376			
t_2							
a	0,849	0,075	0,076	0,763	0,763	0,482	0,518
b	0,212	0,694	0,094	1,161			
c	0,212	0,194	0,594	1,380			

Maximale Entropie: 1,585

Die Gesamt- Entropie ist das gewichtete Mittel der Entropien im jeweiligen Zeitabschnitt.[28] Die Gewichtung erfolgt mit dem Endzustand der Verteilung von a, b und c. Dieser ist a =1, b = 0, c = 0. Daraus folgt:

$$\text{Durchschnittliche Entropie in } t_1 = 0{,}922 x 1 + 0{,}1{,}157 x 0 + 1{,}371 x 0 = 0{,}922$$

Die Entropien lassen sich nun wie folgt interpretieren:
In t_0 betragen die durchschnittliche Entropie 0,922, die relative Entropie 0,582 und die Redundanz 0,418.
Die Entropie entspricht der Gesamtzufallsmenge. Ist diese Menge kleiner als Maximal (hier 1,58), gibt es einen Teil der Ereignisse, der nicht zufällig ist. Bei maximaler Entropie ist alles gleichwahrscheinlich, also alles ist zufällig.

Das bedeutet, je geringer die Entropie ist, desto weniger zufällig sind die Ereignisse.

---

[28] W. R. Ashby, An Introduction to cybernetics, 1963, S. 175f.

Das bedeutet hier bei diesem Beispiel, dass in t_1, ausgedrückt durch die relative Entropie von 0,582, also 58,2% der Entscheidungsmöglichkeiten kein Zufall sind, sondern durch das Verhalten des Entscheiders R bestimmt sind. Die Redundanz von 0,418 zeigt an, dass die Entscheidungsmöglichkeiten zu 41,8% von stochastischen Prozessen bestimmt sind.

Die Entropiedefinitionen von Shannon wieder aufgreifend, kann man die Zahlen des Beispiels auch so interpretieren:
- "a measure, of how much „choice" is involved in the selection of the event", bedeutet hier, das R zu 58,2% die Wahl hatte zu entscheiden, welches outcome erscheint.
- „a measure, of how uncertain we are of the outcome", bedeutet hier, das R zu 41,8% unsicher ist, dass das outcome das von ihm gewünschte ist.

Weiterhin sieht man am Beispiel, dass die durchschnittliche Entropie im Zeitablauf abnimmt, und sich somit die Werte für die relative Entropie und die Redundanz verändern. Die Wahlfreiheit von R nimmt ab, dafür nimmt seine Unsicherheit zu.
Dies mag zunächst kontraintuitiv erscheinen, denn in der Endverteilung ist die Unsicherheit von R Null, weil die Entropie eins ist: Die Unsicherheit von R nimmt immer mehr zu - bis zur Sicherheit durch Entscheidung. Dies bestätigt jedoch die Aussagen, denn R's Entscheidungsmöglichkeiten werden immer imaginärer, unsicherer wegen der „unsichtbaren Hand" der stochastischen Prozesse und R entscheidet in diesem Übergangsprozess, ob er bestimmte Entscheidungsmöglichkeiten überhaupt noch wahrnehmen kann und so kommt es zur Endverteilung. Jedoch auch diese Entscheidung ist letztlich imaginär, denn R's Entscheidung ist dominiert. R glaubt immer noch zu entscheiden, doch es wird immer mehr über ihn entschieden. Dies führt zu der Aussage, dass, je unsicherer die (Spiel-) Situation für R wird, desto sicherer ist der

Ausgang des Spiels, die Endverteilung. Die Interpretationen der variety und der Entropie greifen so ineinander.

Weitere Interpretationen mit Hilfe der Entropie:
Im Endzustand ist die Entropie der Entscheidungsmöglichkeiten null. Es gibt nur einen outcome. Daraus folgt, dass die Unsicherheit ebenfalls Null ist, denn die Entscheidung ist sicher, sie lautet immer a. Ebenso bedeutet dies, dass R's Wahlmöglichkeiten null sind, denn er hat keine Wahl, es gibt nur a. In R's Entscheidung fließt kein Zufall mehr ein, der Zufall ist null.

Die Entropie kann auch als ein Maß interpretiert werden, um verschiedene R miteinander vergleichen zu können. Das heißt, mittels unterschiedlicher Entropien kann verglichen werden, wie sehr der einzelne R in seinen Entscheidungen noch frei ist im Vergleich mit anderen R. Unterschiedliche Entropien zeigen unterschiedliche Möglichkeiten an, noch die Wahl zu haben bzw. die Höhe der Unsicherheit.
Beide Interpretationen führen zu dem Schluss, dass ein Element der Entscheidungsmöglichkeiten alle anderen Elemente im Zeitablauf immer mehr dominiert und dies mit exponentieller Rate tut.

R verliert dadurch Freiheitsgrade.[29] Das bedeutet hier, dass die Anzahl von Vektoren der Entscheidungsalternativen die möglich wären, nicht voll ausgenutzt werden, weil sie der Restriktion des beschriebenen Wandels unterliegen. Diese Anzahl möglicher Vektoren können hier als Freiheitsgrade interpretiert werden.

---

[29] vergleiche auch W. Ross Ashby, An introduction to cybernetics, 1963, S. 129

Einführung der Idee der Unterscheidung

Die Begriffe, welche an dieser Stelle der Ausführungen interessieren und also unterschieden und definiert werden sollen sind Geld, Kapital, Zins und Zinseszins.

Um das Geld vom Kapital, den Zins vom Zinseszins unterscheiden zu können, muss eine Unterscheidung getroffen werden. Die Unterscheidung die hier getroffen wird, ist die Unterscheidung zwischen realer und imaginärer Welt. Aus dieser Unterscheidung folgen dann andere Unterscheidungen.

Um die gemeinte Unterscheidung fassbarer, verständlicher zu machen, wird auf die Idee der Unterscheidung nach George Spencer-Brown zurückgegriffen. Dieser wiederum hat in seinem Buch „Laws of Form" ein unkommentiertes, unübersetztes Zitat aus dem Tao Te King von Laotse vorangestellt. Beides wird hier benutzt, um eine mögliche Interpretation davon für die Ausführungen hier zu benutzen.

Diese Interpretation lautet, dass, wenn man etwas unterscheidet, immer mindestens zwei Dinge zugleich, simultan koproduziert werden. Diese Ko-Emergenz kann zum Beispiel mit Francisco Varela so ausgedrückt werden: „Gehen und Weg entstehen gemeinsam."[30] Und diese beiden Dinge erzeugen, unterscheiden und definieren gemeinsam etwas Neues, einen neuen Sinn.[31] Gehen und Weg können z.B. eine Reise erzeugen, unterscheiden und definieren.

Das heißt, wird über Geld geredet, dann wird auch immer über Kapital geredet, auch und gerade, wenn dies nicht ausdrücklich geschieht. Ebenso verhält es sich bei Zins und

---

[30] Siehe Tatjana Schönwälder, Katrin Wille, Thomas Hölscher, George Spencer Brown, Eine Einführung in die Laws of Form, 2004, S.205 und die dort aufgeführte Literatur.
[31] a.a.O., S.69f.

Zinseszins. Unterscheidet man also etwas, dann läuft implizit auch immer das mit, worüber man gerade nicht spricht. Das, worüber man spricht, erhält einen Namen, z.B. Geld, und das, worüber man nicht spricht auch, z.B. Kapital.

Die Ideen von Laotse (Tao Te King) und George Spencer-Brown (Laws of Form) werden also aufgegriffen und auf die Problemstellung angewendet. Dies geschieht in knapper, vor allem interpretativer Form. Die Zusammenhänge werden hier nur angedeutet. Vorangestellt wird deshalb eine Auszug von Laotse und ein Zitat von George Spencer-Brown:

„Any indication implies duality, we cannot produce a thing without coproducing what it is not, and every duality implies triplicity: what the thing is, what it isn't, and the boundary between them. (…) you cannot indicate anything without defining two states, and you cannot define two states without creating three elements."[32]

---

[32] George Spencer-Brown, Laws of Form, [1969], Limited Edition 1994 (dt. 1997), Preface to the 1994 Edition, S. ix.

Laotse:

I

Das Wesen / das begriffen werden kann /
Ist nicht das Wesen des Unbegreiflichen.
Der Name / der gesagt werden kann /
Ist nicht der Name des Namenlosen.
Unnambar ist das All-Eine / ist Innen.
Nambar ist das All-Viele / ist Außen
...

II

Wer da sagt: Schön / schafft zugleich: Unschön.
Wer da sagt: Gut / schafft zugleich: Ungut.
Bestehen bedingt Nichtbestehen.
Verworren bedingt Einfach.
Hoch bedingt Nieder.
Laut bedingt Leise.
Bedingt bedingt Unbedingt.
Jetzt bedingt Einst.
...

XI

Dreissig Speichen treffen die Nabe /
Die Leere dazwischen macht das Rad.
Lehm formt der Töpfer zu Gefäßen /
Die Leere darinnen macht das Gefäß.
Fenster und Türen bricht man in Mauern /
Die Leere damitten macht die Behausung.
Das Sichtbare bildet die Form des Werkes.
Das Nicht-Sichtbare macht seinen Wert aus.[33]

---

[33] Laotse, Tao Te King, Das Buch vom Weltgesetz und seinem Wirken, 2. Auflage 1976, Scherz Verlag Bern, Otto Wilhelm Barth Verlag, S. 9 ff.

Es wird mit diesen Ideen ermöglicht zu sehen, „was es heißt, etwas Bestimmtes im Kontext von etwas Unbestimmten, aber Bestimmbaren, zu beobachten."[34]

Illustration der Idee der Unterscheidung (die Form):

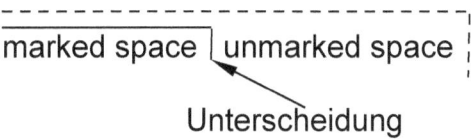

Vom/aus dem unmarked space wird etwas unterschieden und markiert mittels Haken.

Am Beispiel Laotses:

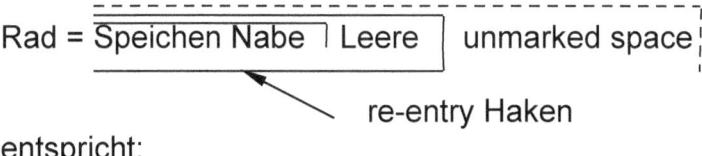

entspricht:

```
Rad = Rad Speichen Nabe │ Leere │ unmarked space
```

---

[34] Dirk Baecker, Form und Formen der Kommunikation, Suhrkamp, 2005, S. 23. Baecker bezieht sich dabei nur auf George Spencer-Brown.

Interpretation der Zeichen:[35]

Rad - ist das, was zu bestimmen ist.
Speichen, Nabe – was das Rad ist.
Leere – was auch das Rad ist, implizit, aber scheinbar „übersehen" wird.

⌐ - Markierung der Unterscheidung

⌐┘ - re-entry Haken. Wiedereinführung der Unterscheidung. Dieser Schritt ist es, der es ermöglicht, von den beiden Seiten des Rades zu sprechen - im Unterschied zu einer unbestimmten Außenseite rechts von diesen beiden Seiten des Rades, dem unmarked space. Siehe auch weiter unten.

┌─ ─ ┐ - Deutet an, dass das innerhalb des unmarked space Unterschiedene nur eine mögliche Selektion ist, die von einem Beobachter getroffen wurde, und das die Einführungen von Unterscheidungen fortgesetzt werden könnten. wird in den folgenden Ausführungen weggelassen.

Speichen und Nabe machen einen Unterschied: Speichen Nabe = ⌐.
Den Unterschied, den Speichen und Nabe machen, bringt einen Zustand hervor, den wir „Speichen Naben" nennen und entsprechend markieren: Speichen Naben.
Implizit läuft mit, was Speichen und Naben nicht sind – Leere. Die Leere wird bezeichnet und markiert: Leere.
Laotse erwähnt die Felge nicht explizit. Sie ist impliziert. Die Aussagen werden dadurch nicht verändert, es entstünde nur folgende Form:

Rad = Speichen Nabe Felge | Leere

---

[35] angelehnt an Dirk Baecker, a.a.O., S. 67

Wenn Laotse davon spricht, wie oben in I und II zitiert, dass das Wesen, das begriffen werden kann, nicht das Wesen des Unbegreiflichen ist und der Name, der gesagt werden kann, nicht der des Namenlosen ist, dann meint er damit (könnte er damit meinen), dass ein Beobachter immer nur eine Auswahl, eine Selektion von Unterscheidungen treffen kann aus einem Raum von möglichen Unterscheidungen. Der Blick des Beobachters ist begrenzt.

Wird so eine Selektion getroffen, dann wählt der Beobachter ein bestimmtes Arrangement von Unterscheidungen aus (hier Rad, Speichen, Nabe, Leere) – und um dieses Arrangement vom Raum der möglichen Unterscheidungen unterscheiden zu können, geht er zurück in den Raum des eben Unterschiedenen – re-entry bei George Spencer-Brown. Jedes endliche Arrangement einer Unterscheidung kann mit Hilfe der beiden Gesetze George Spencer-Browns (calling und crossing) entweder auf einen markierten oder auf einen unmarkierten Zustand reduziert werden[36].

> Man könnte sich die Idee der Unterscheidung und, in Folge dessen, das re-entry, auch so vorstellen, dass man als kleiner Mensch in der Mitte der Nabe sitzt und beschließt, die Welt zu erkunden. Der Mensch bewegt sich durch die Nabe heraus, bewegt sich durch die Speichen, durch die Leere und durch die Felge. Dann merkt der Mensch, irgendwann, dass er sich in einem anderen Zustandsraum befindet. Um nun aber dem ihm bekannten Raum des Rades wieder zu betreten, *muss* er sich umdrehen und zurückkehren: re-entry. Erst wenn er bei dieser Rückkehr sich wieder durch die Felge bewegt, merkt er, dass er sich wieder durch das Rad, den Radraum, bewegt. Der Mensch, jetzt wieder in der Radnabe sitzend, hat jetzt gelernt, dass es für ihn zumindest zwei Räume gibt: das Rad und alles das, was nicht Rad ist. Um dies zu erkennen, musste er sich mindestens einmal durch den Radraum und wieder

---

[36] George Spencer-Brown, Laws of Form, [1969], Limited Edition 1994 (dt. 1997), S. 56ff. und S. 64f.

zurück bewegen. Das sind zwei Bewegungen, also eine gerade Anzahl – wie bei George Spencer-Brown. Der Mensch weiß aber nicht, wo genau er sich insgesamt befindet, wenn er alle möglichen Räume in seine Überlegungen mit einbezieht.

Das Unbestimmte läuft also immer mit. Es ist nicht sichtbar. Was Laotse ausdrückt, in dem er sagt, dass das Sichtbare die Form des Werkes ist – aber das Nichtsichtbare seinen Wert ausmacht. Am Radbeispiel also alles, was auf der Außenseite der Felge ist. Also das Verhältnis von Rad zu Nichtrad.

Diese Idee, dass etwas selektiert wird, durch das was es ist und was es implizit ist, wird hier aufgegriffen unter Berücksichtigung dessen, das diese Selektion nur eine Selektion aus dem Raum der möglichen Selektionen ist. Dies hat Ähnlichkeiten mit der von Shannon gemachten Aussage: „message is one selected from a set of possible messages"[37], auf den später noch zurückgekommen wird.
Insofern kann der Unterscheidungsbegriff von George Spencer-Brown als auch von Laotse als Verhältnis von marked space zu unmarked space interpretiert werden.[38]

---

[37] C. E. Shannon, A Mathematical theory of Communication, 1948
[38] Dirk Baecker, Form und Formen der Kommunikation, Suhrkamp, 2005, S. 15ff.

Geld, Zins und Zinseszins

Geld

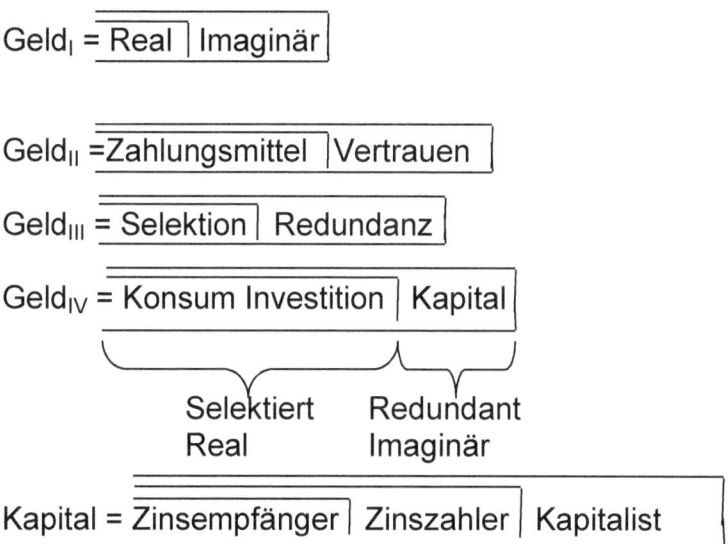

Interpretation:

Als Geld wird das reale Zahlungsmittel, welches über Vertrauen funktioniert, definiert, das ausser in seiner Zahlungsmobilität in Ruhe ist. Geld ist entweder physisch präsent (Bargeld) oder es ist Buchgeld, das in Ruhe ist. In Ruhe sein bedeutet konkret, dass z.B. keine Zinszahlungen an den Hinterleger erfolgen und das dieses hinterlegte Geld auch nicht verliehen wird. Das bedeutet in einer reinen Bargeldwelt eine Bargeldhinterlegung - und in einer reinen Buchgeldwelt, dass das Buchgeld in Ruhe ist, es reines Zahlungsmittel bleibt. Und in einer gemischten Bargeld- und Buchgeldwelt bedeutet es die Kombination beider Welten mit der Gemeinsamkeit, das dieses Geld nur Zahlungsmittel ist.

Das Geld wandelt sich zu Kapital, wenn mit dem Geld etwas gemacht wird. Es wird also ein bestimmte Menge oder die gesamte Menge selektiert, z.B. es wird verzinst, verliehen, spekuliert. Dieses Kapital ist imaginär. Nur als Organisation der Erinnerung werden die Daten des Kapitals auf Papier oder einem anderen Speichermedium notiert.

Die Differenz zwischen dem maximal für reale Zahlungsmittelzwecke zur Verfügung stehenden Geld und dem aktuell und wirklich für Zahlungszwecke verwendeten, also selektiertem Geld wird hier als Redundanz bezeichnet.

Es wird also eine vollständige, nicht mehr weiter unterscheidbare Unterscheidung zwischen Geld und Kapital getroffen. Kapital ist Geld, das nicht in Ruhe ist. Kapital ist Geld, welches in Bewegung ist. [39]

---

[39] Für den Gläubiger (Kapitalist) stellen die jährlich vom Schuldner erbrachten Annuitäten eine **Rente** dar, deren Barwert gleich der Anfangsschuld ist.

Zins

Das Wort „Zins" ist belastet durch Vielfalt der Interpretationen. Es unterliegt einem sprachlichen Phänomen. Mit dem Wort „Zins" wird der Preis oder der Gewinn des Kapitals definiert. Das Wort „Zins" nimmt insofern eine Sonderstellung ein, als dass es den Preis (Kosten) oder den Gewinn (Nutzen) für Etwas in genau einem besonderen Wort definiert.

Ein analoges sprachliches Phänomen ist z.B. die (Makler-)Courtage. Die Courtage ist der Preis für die Tätigkeit des Maklers. Ein weiteres Phänomen ist, dass die Courtage für den Makler immer nur Gewinn ist, für den Kunden jedoch immer nur der Preis.

Beim Zins jedoch ist es so, dass das Wort Zins z.B. sowohl für den Makler als auch für den Kunden entweder einen Gewinn oder einen Preis bezeichnet. Das Wort Zins beinhaltet also für einen Menschen immer mindestens zwei Bedeutungen. In Bezug auf das oben definierte Kapital ist der Zins der real zu erbringende Preis/Gewinn für eine imaginäre Idee. Aus dem eben Gesagten, ergeben sich folgende Formen des Zinses:

$Zins_I$ = | Real | Imaginär |

$Zins_{II}$ = | Preis Gewinn | Kapital |

$Zins_{III}$ = | Zinsempfänger | Zinszahler |

Keynes gibt indirekt ebenfalls eine Zweiseitendefinition des Zinses, die deutlich machen soll, in welchen unterschiedlichen Perspektiven der Zins gesehen wird:

"The habit of overlooking the relation of the rate of interest to hoarding may be a part of the explanation why interest has been usually regarded as the reward of not-spending, whereas in fact it is, the reward of not-hoarding."[40]

$Zins_{IV}$ = reward of not-hoarding	reward of not-spending

---

[40] John Maynard Keynes, The General Theory of Employment, Interest and Money, 1967, S. 174

Wirtschaft

Wirtschaft$_I$ = | Real | Imaginär |

Wirtschaft$_{II}$ = | Leben | Überleben |

Interpretation:

In der Realwirtschaft gibt es, mindestens anteilig, immer noch einen Teil physikalisch-körperlicher Arbeit. Realwirtschaft wird unterschieden in Produkte und Dienstleistungen.
Imaginärwirtschaft besteht aus den Ideen des Kapitals und des Zinses.

Die Realwirtschaft und die Imaginärwirtschaft sind gewissermaßen strukturell gekoppelt und bedingen einander.

Das Wort „überleben" ist negativ konnotiert. Etwas überleben bedeutet, etwas Schweres, Bedrohliches, Gefährliches gefühlt zu haben: Existenzangst.
Das Wort „leben" ist positiv konnotiert. Es bedeutet etwas Leichtes, Beschwingtes, Inspirierendes gefühlt zu haben: Lebensfreude.

Das Wirtschaften dient also zwei Zwecken: dem Überleben und dem Leben.

Wirtschaftswachstum

Bruttosozialprodukt$_I$ = | Real | Imaginär |

Bruttosozialprodukt$_{II}$ = | Preis für Lebensfreude und Existenzangst | Reichtum |

Interpretation:

Das Bruttosozialprodukt (BSP) ist ein Maß für den Preis (= Kosten) der für das Leben und Überleben gezahlt wird. Das BSP ist ein Maß für den Preis der Lebensfreude.[41] Das BSP ist ein Maß für den Preis der Lebenstraurigkeit. Das BSP ist ein Kostenfaktor. Der Preis (=Kosten) ist real. Reichtum ist imaginär: das Streben nach Kapital und das Anhäufen des Kapitals kann sich selbst nur in Lebensfreude ausdrücken, wenn es konsumiert oder investiert wird in der realen Wirtschaft: „Wenn wir nach dem Besitz von Geld streben, so deshalb, weil es uns die meisten Möglichkeiten bietet, die Frucht unserer Arbeit zu genießen."[42]

Diese Definition korrigiert die verbreitete Meinung, das BSP sei das, was es anzustreben und zu erhöhen gilt. Der Wunsch, das BSP zu erhöhen ist der Wunsch die Kosten für Lebensfreude zu erhöhen. Das ist kontraintuitiv. Das Bestreben des Menschen ist, die Kosten für die Lebensfreude so gering wie möglich zu halten.[43]

Das BSP bezieht sich in der heutigen Berechnung und Definition in jedem Jahr auf das Vorjahr. Dadurch kommt es zu einem exponentiellen Effekt – das BSP muss exponentiell steigen, damit es den herkömmlichen Ansprüchen der Definition genügt: nur dann spricht man von Wirtschaftswachstum, wenn das BSP des aktuellen Jahres

---

[41] Nicolas Georgescu-Roegen, in: Roman Brandtweiner, Naturwissenschaftliches Denken in der Wirtschaftstheorie, 1997, S. 113, zitiert bei: Nikolaus Piper: Vor uns der Niedergang, in: Nikolaus Piper (Hrsg.): Die großen Ökonomen. Leben und Werk der wirtschaftswissenschaftlichen Vordenker, Stuttgart 1994, S. 264 f.
[42] Friedrick A. von Hayek, Der Weg in die Knechtschaft, München 1994, S. 120
[43] Da das BSP ein Maß ist, ist es so, also würde man ständig auf das Thermometer sehen, um festzustellen, ob die Temperatur die gewünschte ist – anstatt das Wetter zu genießen.

größer ist als das BSP des Vorjahres. Dieses Wirtschaftswachstum muss dann zwangsläufig exponentiell sein:

$$\text{Wirtschaftswachstum}_{\text{I jetzt}} = \boxed{\text{Anstieg BSP} \mid \text{Anstieg Rückgang Vermögen}}$$

Der Anstieg des BSP steht hier im Interesse eines Wirtschaftswachstums.

Vermögen des Landes schließt hier eben Dinge ein wie Lebensfreude, Lebensqualität, Gesundheit, umweltökologische Balance. Ein Anstieg des BSP bedeutet nicht zwangsläufig einen Anstieg des Vermögens. Im Gegenteil.

Wichtig sind hier weiterhin die Unterscheidung und der Zusammenhang zwischen Wirkung, Ursache und Auslöser beim Wachstum:

$$\text{Wirtschaftswachstum}_{\text{II jetzt}} = \boxed{\text{Auslöser} \mid \text{Wirkung} \mid \text{Ursache}}$$

Auslöser für (den Wunsch nach) Wirtschaftswachstum können z.B. Arbeitsplatzverluste, Steuerausfälle oder Mangelversorgung mit Gütern sein. Die Wirkungen des Wirtschaftswachstums sind z.B. ein erhöhter Druck auf die wissenschaftlich-technisch, organisatorisch-logistischen Leistungen und die Flexibilität sowie den Selbstausbeutungswillen der Menschen.[44] Die Ursache jedoch für Wirtschaftswachstum liegt nicht im Auslöser und nicht der Wirkung.

Eine mögliche neue Definition von Wirtschaftswachstum könnte die Folgende sein:

$$\text{Wirtschaftswachstum}_{\text{III neu}} = \boxed{\text{Anstieg Vermögen} \mid \text{Anstieg BSP}}$$

Der Anstieg des Vermögens steht im Interesse eines Wirtschaftswachstums. Der Anstieg des BSP ist ein Maß (neben anderen) für die Kosten des Anstiegs des Vermö-

---

[44] Richard Sennett, Der flexible Mensch, Siedler 2000

gens. Der Anstieg des Vermögens könnte ein Maß (neben anderen) für die Lebensfreude selbst sein. Dazu müsste, neben anderem, die Arbeit eine neue Definition erfahren.

Über den Autor

Torsten Ewert äußert sich seit vielen Jahren zu unterschiedlichsten Themenbereichen. Schwerpunkte liegen hier in der kritischen Betrachtung des dominierenden Finanzsystems, systemische Organisationsprozesse und Problemlösungsstrategien.

www.ingramcontent.com/pod-product-compliance
Lightning Source LLC
Chambersburg PA
CBHW071727170526
45165CB00005B/2184